靜中得力

新雅・成長館

鬧情緒，怎麼辦？
兒童情緒管理小百科

作　　者：埃利諾・格林伍德（Elinor Greenwood）
翻　　譯：潘心慧
責任編輯：黃花窗
美術設計：游敏萍　陳雅琳
出　　版：新雅文化事業有限公司
　　　　　香港英皇道499號北角工業大廈18樓
　　　　　電話：(852) 2138 7998
　　　　　傳真：(852) 2597 4003
　　　　　網址：http://www.sunya.com.hk
　　　　　電郵：marketing@sunya.com.hk
發　　行：香港聯合書刊物流有限公司
　　　　　香港荃灣德士古道220-248號荃灣工業中心16樓
　　　　　電話：(852) 2150 2100
　　　　　傳真：(852) 2407 3062
　　　　　電郵：info@suplogistics.com.hk
印　　刷：中華商務彩色印刷有限公司
　　　　　香港新界大埔汀麗路36號
版　　次：二〇一九年二月初版
　　　　　二〇二四年九月第五次印刷
版權所有・不准翻印

ISBN: 978-962-08-7200-6
Original Title: My Mixed Emotions
Copyright © 2018 Dorling Kindersley Limited
A Penguin Random House Company
Traditional Chinese Edition © 2019 Sun Ya Publications (HK) Ltd.
18/F, North Point Industrial Building, 499 King's Road, Hong Kong
Published in Hong Kong SAR, China
Printed in China

For the curious
www.dk.com

鳴謝

The publisher would like to thank the following for their kind permission to reproduce their photographs:
(Key: a-above; b-below/bottom; c-centre; f-far; l-left; r-right; t-top)
6 Science Photo Library: John Bavosi(cr). **8** 123RF.com: Iryna Bezianova / bezyanova (b). **9** 123RF.com: Iryna Bezianova / bezyanova (bl, br, bc). **12** 123RF.com: Choreograph. **14** 123RF. com: Alexassault (bc). **15** Alamy Stock Photo: Folio Images (l). **19** 123RF.com: Bartkowski (cb). Dorling Kindersley: Natural History Museum, London (fcl); Stephen Oliver (cb/Ice lolly). Dreamstime.com: Tracy Decourcy / Rimglow (bc); Vaeenma (br). **22** 123RF.com: Wavebreak Media Ltd (b). **26** Dreamstime.com: Nataliia Prokofyeva / Valiza14 (b). **27** 123RF.com: michaeljayfoto (cb); Roman Sigaev (t). Dreamstime.com: Glinn (crb/Grass); Mikhail Kokhanchikov / Mik122 (crb); Larshallstrom (b). **28-29** Depositphotos Inc: GeraKTV (b). **28** 123RF. com: Sergey Oganesov / ensiferum. **30** 123RF.com: alhovik (tl); Wang Tom (clb); Hyunsu Kim (cb); Ion Chiosea (bc). **32** Dreamstime.com: Leonello Calvetti / Leocalvett. **36** 123RF.com: Janek Sergejev (c). **37** 123RF.com: Roman Sigaev. **39** iStockphoto.com: EvgeniiAnd. **40** 123RF.com: Micha Klootwijk (Background); Cora Müller (b). **42** 123RF.com: Yarruta. **44** Depositphotos Inc: Maxximmm1 (br). Dreamstime.com: Glinn (clb, bl). **45** 123RF.com: michaeljayfoto (cb/Grass border); Roman Sigaev (c). Dreamstime.com: Glinn (cb). **46** Dreamstime. com: Zokad182g (tl). **49** Dreamstime.com: Piotr Marcinski / B-d-s (c). **50-51** Dreamstime.com: Larshallstrom (b). **52** 123RF.com: Maksym Bondarchuk / tiler84 (crb); Nontawat Boonmun / porstock (cb); Julia Moyceenko / juliza09 (cb/Violets pot); Denys Kurylow / denyshutter (b). **52-53** 123RF.com: Roman Sigaev (t). Dreamstime.com: Glinn (Background). **53** 123RF.com: jessmine (bc/Purple watering can); Alexander Morozov (bc). **54** 123RF.com: syntika82 (tl, bc). **55** 123RF.com: syntika82 (cra). **56** 123RF.com: lucadp. **58** 123RF.com: Anurak Ponapatimet. **59** Dreamstime.com: Andrey Eremin / Mbongo (bc). **62** 123RF.com: Valeriy Lebedev (Shadow); Wavebreak Media Ltd (br). **64-65** Dreamstime.com: Larshallstrom. **67** Alamy Stock Photo: Alpha Historica (tl). Dreamstime.com: Larshallstrom (b). **68** 123RF.com: Csanad Kiss / vauvau (crb). **69** 123RF.com: Antonio Gravante (cl). **72-73** 123RF.com: sxwx (t). **72** 123RF.com: Pteshka. **73** Alamy Stock Photo: F1online digitale Bildagentur GmbH. **74** Alamy Stock Photo: Hero Images Inc.. **77** 123RF.com: Roman Sigaev
All other images © Dorling Kindersley
For further information see: www.dkimages.com

鬧情緒，怎麼辦？

兒童情緒管理小百科

埃利諾・格林伍德 著 ｜ 潘心慧 譯

新雅文化事業有限公司
www.sunya.com.hk

目錄

 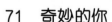

給家長的話

　　我們太容易忽略兒童的情緒，總以為他們的期望、恐懼和夢想沒有成年人的那麼全面和複雜。但事實並非如此，兒童的感覺是很強烈的。

　　每個人都需要具備健康的心理，才能積極地投入日常生活，以及培養適應力以面對各種人生問題。分辨、表達內心的感受，以及尋求幫助是一種生活技能，有助於我們進入成年期。健康的心理可以鞏固友好的關係，積極學習，最終培養我們成為茁壯的成年人，充滿自信和信念地面對世界。

　　我們應該及早跟孩子談談情緒的問題，而這本書為你提供了一個很好的開始。

　　有些孩子可能需要專業的幫助。每個孩子都不同，有時候，問題也不是立刻就有答案。如果你有疑慮，可帶孩子看家庭醫生，或向學校諮詢。他們一定能根據你孩子個別的需要，提供正確的指引。

　　以下列舉一些提供兒童輔導服務的機構例子：

社會福利署 (https://www.swd.gov.hk/)
東華三院 (http://www.tungwahcsd.org/)
香港小童羣益會 (https://www.bgca.org.hk/)
香港保護兒童會 (https://www.hkspc.org/)
香港明愛家庭服務 (https://family.caritas.org.hk/)

認識你的 情緒

哈囉，很高興認識你！
你今天心情怎樣？

每個人每天生活的每
一方面，都受到不同
情緒的影響……

……所以最好
多了解它們！

興奮

緊張

熱愛

自豪

心碎

充滿愛

情緒的四大天王就在這裏！

情緒總部

感覺和**情緒**首先在你**大腦**內產生，
它們能影響你身體每一個部分，
從頭到腳趾！

例如：當你遇到危險或
可怕的事情時，大腦會
有以下反應：

1

你的**眼睛**看見
一隻大蜘蛛。

2

丘腦如同巨型的電
話總機，把你眼睛
接收到的信息轉接
到大腦其他部分。

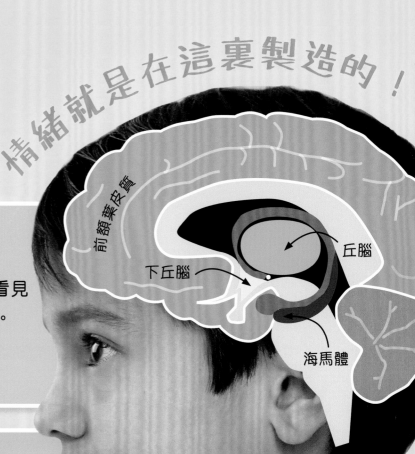

情緒就是在這裏製造的！

前額葉皮質

下丘腦

丘腦

海馬體

3

海馬體作出判斷——
這東西很可怕！

這一切發生在
十分之一秒內！

情緒促使你
很快地作出反應。

4

前額葉皮質分泌出
化學物質，促使你在面
對威脅時作出反應。

呀呀呀！

你知道嗎？你的身體對
於基本情緒的反應，有
時快過你的思想！你可
以留意以下徵狀，例
如：僵硬的脖子、下
巴、肩膀、手臂、手或
胸部，這些都是情緒發
作時的一些身體反應。
當情緒發作時，你可以
嘗試改變及舒緩這種情
況。

5

下丘腦負責拉警報，
發出信號，分泌出壓力
荷爾蒙，因此你馬上逃
跑！

快
逃跑！

感覺真奇妙

請看看以下人體的影像。在一份研究報告中，人們表示面對**不同情緒**時，**身體**的不同部分會作出反應。

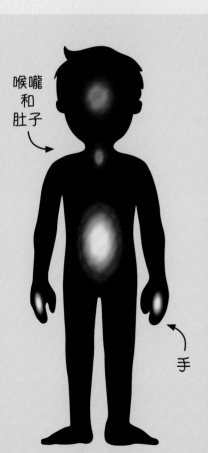

憎惡

喉嚨和肚子

手

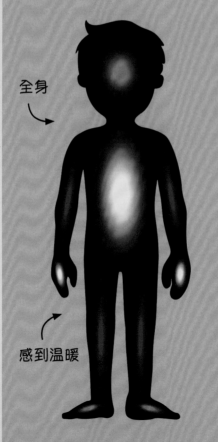

快樂

全身

感到溫暖

憤怒

手臂活躍

你同意嗎?

請畫出幾個人體的輪廓,然後按照你身體對不同情緒的感受,
把活躍的部位填上紅色,不活躍的部位填上藍色。

悲傷

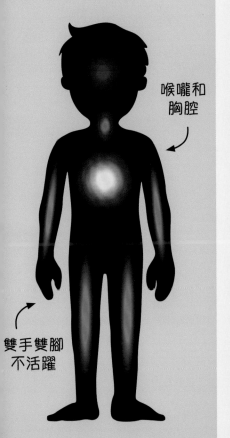

喉嚨和
胸腔

雙手雙腳
不活躍

恐懼

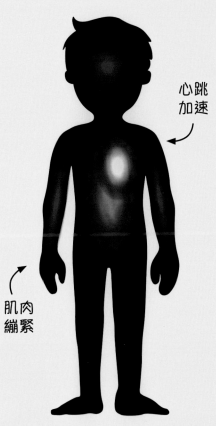

心跳
加速

肌肉
繃緊

妒忌

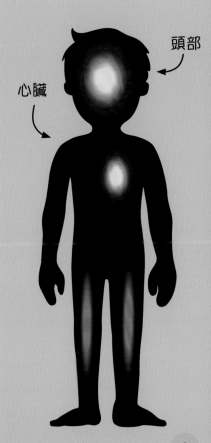

頭部

心臟

情緒的重要性

無論是什麼情緒，包括：憤怒、恐懼和悲傷，全部都很重要。種種情緒都是自然不過，結合起來便成為了現在的你。所以，放心表達你的感受吧！

憤怒促使我們站起來，捍衛自己。

憤怒

情緒幫助我們求生自人類踏足地球以來，情緒就一直幫助我們求生。

恐懼

恐懼提醒我們及時逃生。

即使是負面的情緒也不要緊，重點在於我們怎樣管理自己的情緒。所以，當有人說憤怒不好時，我就會氣得不得了。哼！

如果人類沒有了情緒，豈不是跟冷冰冰的機械人沒分別？

悲傷讓別人知道我們需要幫助。

悲傷

為何我們需要情緒？
情緒讓別人可以了解我們，也幫助我們認識自己，做一個真實的人，跟別人建立親密的關係。

快樂使我們喜歡與人交往，並充滿活力。

快樂

愛

憎惡促使我們把有毒的食物吐出來。

愛幫助我們彼此之間建立穩固和親密的關係。

憎惡

11

精彩的事物為你預備，
美妙的驚喜等待着你！

《查理與巧克力工廠》

羅德·達爾

什麼是快樂？

科學家指出，大腦能產生**四種**讓你感覺良好的**化學物質**。

當你笑的時候，快樂的化學物質就會在你的大腦裏舉行小派對！

1 當**多巴胺**充滿你的大腦時，你會感到愉快。

2 **血清素**有助延續良好的感覺。

3 **安多酚**是一種讓人感覺舒服的化學物質，能夠減少痛苦的感覺。

4 **催產素**被稱為「擁抱」賀爾蒙，產生自擁抱和親吻。

哈哈大笑

大笑是最好玩的一種運動。

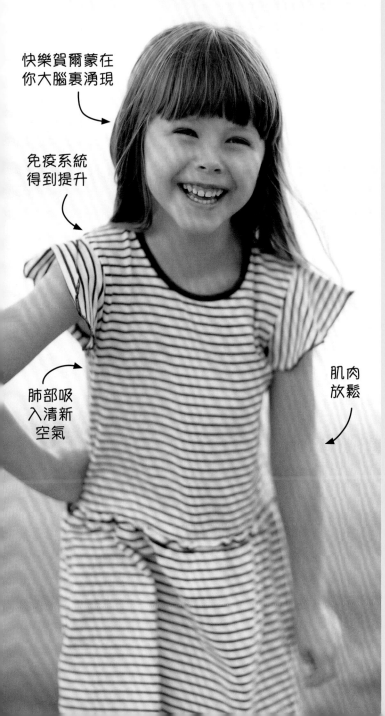

快樂賀爾蒙在
你大腦裏湧現

免疫系統
得到提升

肺部吸
入清新
空氣

肌肉
放鬆

快樂的神奇作用

科學家證實，快樂的人所得的
好處是……更多的快樂！

 因為你心情越好，
所以你做事也做得
越好。

 你的行動會更快——
腳步輕快而有朝氣。

 你與家人和朋友相處
得更愉快。

 你的身體恢復得較快，
也較健康。

 快樂幫助你更懂得面
對壓力和憂慮。

 你更加慷慨大方。

 你快樂的能量是有感
染力的。

15

快樂的秘方

想像你有一個大碗，而
你想做一個**快樂**蛋糕。
你需要什麼**材料**呢？

到戶外去，投身大自然

做運動

回憶快樂的時刻

科學家一定會使用以
上的材料，因為這些
都已被證實可以增加
快樂的化學物質。

做你喜歡的事情——這是一種樂趣。

微笑和大笑

跟朋友或其他人在一起

向人道謝，並心存感激

你還能想到更多的材料嗎？

電子遊戲

電子遊戲很好玩，那是肯定的，但它是不是一個製造快樂回憶的好方法呢？科學家相信，跟家人或朋友一起活動，對你更有好處，你也會更快樂。所以不妨試試，在兩者之間取得一個快樂的平衡。

選擇快樂

人生就像一趟過山車，沿途高低起伏。不過，你可以培養一個好習慣，那就是多想想你人生中美好的事情，然後做出決定，此刻就選擇快樂吧！

17

心存感激

你好！我感到很榮幸，也很高興認識你！謝謝你和我做朋友！

感受自己獲得的**種種福氣**，為生活中美好的事情**心存感激**，這是讓自己更快樂，也有益身心的好方法。

好吧！我很感激！

感激不光是嘴巴說聲「謝謝」。感激也是一種情緒，是感謝或欣賞的感覺。雖然不是每天都很完美，但凡事抱着一種感激或感恩的態度，即使是一件小事情，都能把憤怒和負面情緒沖走，讓你感到更加快樂。

說「謝謝」啊！

五隻手指數一數

首先，問問自己：「我可以為什麼事情感恩？」，看看想出什麼來。

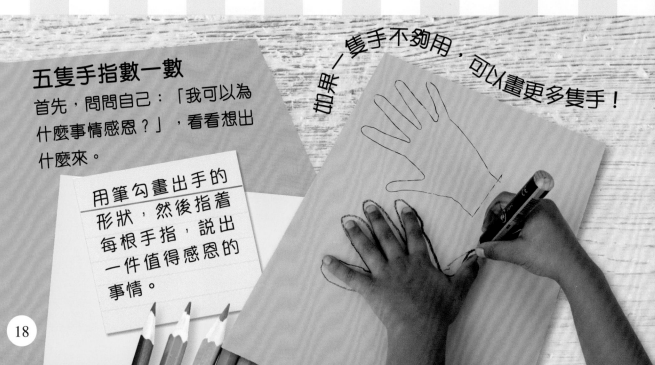

如果一隻手不夠用，可以畫更多隻手！

用筆勾畫出手的形狀，然後指着每根手指，說出一件值得感恩的事情。

感恩和快樂之間有着密切的關係。

點點滴滴的歡樂

我們的生活中真的有許多事情值得感恩！專注於你所擁有的一切（即使是微小的事情），別在意自己所欠缺的。

特別的你

有一樣特別的東西，肯定只有你才有，那就是你！所以，要為美好的你而感恩！

看看這片花海，每一朵花都有它的特質。想像你要採摘一束花送給自己！請選出能夠形容你和值得你感恩的花朵。

做得很好！

每天都有很多值得我們感恩的成就，不管多
麼微小。今天你做了什麼值得感恩的事呢？

- 你大方地與人分享？
- 你對人很熱誠？
- 你很努力工作？
- 你做了一件勇敢的事情？
- 你說了一個有趣的笑話？
- 你很友善對待一個朋友？

這些都是你做過的事，**因為你就是你！**

我很勇敢。

我很有想像力。

我很有愛心。

我很有耐性。

我很活潑。

我充滿活力。

我很有膽量。

我很有藝術細胞。

我很善解人意。

我很開朗。

我很用功。

我很樂於助人。

放鬆一下

當你**放鬆**和**平靜**時，便會較容易找到一個**快樂的平衡**。是時候把腳翹高，輕鬆一下了！

以下是放鬆心情帶來的
一些好處：

你的胃部更容易消化食物。

你的呼吸更加平穩。

你的血壓會下降。

當你感到不適時，放鬆能幫助你的身體復元。

你的集中力和心情得到提升。

你會睡得更安穩。

你的心跳放緩。

壓力賀爾蒙的數量減少。

放鬆有這麼多好處，快來試一試吧！

你肌肉的疲勞得到消除。

怎樣做才能放鬆？

選擇一些幫助你放鬆的活動，特別是當你感到：

到郊外散步去

做運動

疲累

有壓力

焦慮

聽音樂

泡熱水澡

深呼吸

看一部有趣的電影

躺下來休息一下

ZZZZZ

如果你沒有足夠的睡眠，你就會好像這幾個小傢伙那樣啊！

睡個好覺

睡眠是很重要的——這是你生長的時間（只有在你睡着的時候，身體才會產生成長賀爾蒙）。充足的睡眠也讓你感到積極和快樂。

憤恨

過度興奮

貪心

惱怒

暴躁

放鬆，再放鬆

以下的**秘訣**和**技巧**，可以幫助你快速把緊張的情緒換成**平靜的心情**。

1 **聞聞花香，吹吹蠟燭**
假裝你在聞一朵花，用你的鼻子慢慢吸氣，數四下；然後假裝吹熄一根蠟燭，從口裏慢慢呼氣，數四下。

聞聞花香

1 2 3 4

吹吹蠟燭

1 2 3 4

用呼吸使自己平靜下來
這些簡單的呼吸運動隨時隨地都可以做。

呼吸的時候，用手指勾畫出星星的形狀。

2 **腹式呼吸**
把雙手放在腹部，然後用鼻子慢慢吸氣，感覺肚子好像氣球那樣鼓起來。

慢慢吸氣
憋氣微笑
慢慢呼氣

3 **星形呼吸**
當你感到難過或生氣時，可以緩慢柔和地做星形呼吸。

閉氣兩秒
吸氣
呼氣
吸氣
呼氣
吸氣
呼氣
吸氣
閉氣兩秒
閉氣兩秒
閉氣兩秒

放鬆的關鍵，就是找到最適合你的方式。

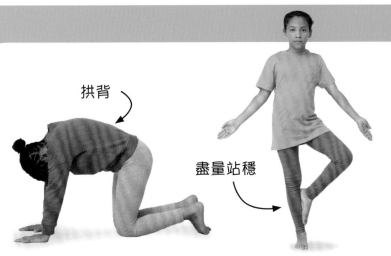

拱背

盡量站穩

屁股翹起來！

學花貓拱背

肩膀在手腕上方，臀部在膝蓋上方，腹部向內收縮，腳趾彎曲。然後背部向下彎，抬起頭，眼睛向上看。

學紅鶴平衡

肩膀向後，手臂張開，身體向前微傾，左腳抬起，手臂慢慢擺動，然後換腳。

學小狗向下

頭向下，手分開，尾骨向上推，腳伸直，身體成一個倒過來的「V」字。

頭抬高

瑜珈不但能使身體更加柔軟和強壯，也有助於放鬆和保持平靜。試一試這些模仿動物的姿勢吧！

扭一扭！

學眼鏡蛇嘶嘶叫

肩膀向下，脖子伸長，臀部和大腿緊貼地上，腳伸長。嘶嘶嘶！

學貓頭鷹扭動

跪坐在腳跟，手平放在膝上。上身轉向一邊，再轉向另一邊，就像貓頭鷹轉動牠的頭。

靜觀的一天

什麼是靜觀？

靜觀一詞聽起來很深奧，其實簡單來說，就是**留意**你的**思想**，**察覺**你身體這一刻的**感覺**。

這肯定是美好的一天！

神奇的動物

試一試這個冥想練習。坐下來，讓自己感到放鬆，並且把注意力放在你的感官上。假裝你的感官像這些動物那麼厲害……

……眼睛有老鷹敏銳的視覺。

……舌頭有蛇嚐味的奇特功能。

……耳朵有蝙蝠超強的聽力。

……鼻子有小狗靈敏的嗅覺。

……手指有蜘蛛對震動的感應能力。

26

靜觀散步

試試把日常的散步變成「靜觀散步」，把注意力集中在你的感官。你看見、聽見、嗅到、感覺到、嚐到什麼？有什麼事物是你之前沒注意到的呢？

看見——藍天、花草樹木，有人在玩遊戲。

聽見——小孩玩耍，飛機在頭上飛過。

嗅到——青草、花香。

感覺到——溫暖的太陽，微微的風。

嚐到——一個蘋果。

靜觀步行後，用筆勾畫出手的形狀，寫下你的記憶。使用全部感官來感受事物，有助加深你的記憶呢！

靜觀小貼士

這裏還有其他方法，能使你每天有更多靜觀的機會。

起牀之前：注意身體各部位，從腳趾到頭，逐一感受。今天你身體各部位感覺如何？

用餐時間：慢慢吃，運用所有感官，留意並享受你的食物。

任何時間：保持感恩的心，跟家人分享一兩件當天值得感恩的事情。

> 我不懼怕暴風雨，
> 因為我正在學習如何
> 駕駛我的船。

《小婦人》

路易莎‧梅‧奧爾科特

紅色警報

你有發過脾氣嗎？

你有沒有試過大喊大叫，而且想動手？其實，**憤怒**是一種健康的**情緒**，是每個人有時會產生的感覺。

憤怒可以幫助你捍衞自己，改變不公平的事情，成為一股正義的力量。

請看看這幾張臉。誰看起來很生氣？

a

b

c

d

e

f

g

h

憤怒會促使你的身體作出行動。

你的反應	發生什麼事了？

第一階段

我聽見！

提高警覺
大腦促使身體分泌出壓力賀爾蒙，導致心跳加速，迅速地把血液傳送到肌肉。由於肌肉需要氧氣，所以你的呼吸也開始加快。

第二階段

豈有此理！

能量大增
勇猛的「戰鬥」賀爾蒙釋出，給予你憤怒的能量，使肌肉繃得緊緊的。你的身體努力工作，開始發熱，所以你的臉會通紅。

第三階段

你叫我什麼？

越來越激烈
你的肌肉開始抽動，準備行動。你開始皺眉頭，噘着嘴，脈搏加快，手掌發熱。

第四階段

呀呀呀！

爆發
你說話越來越大聲，也越來越快；心臟開始砰砰地跳，臉變得更紅。身體努力散熱，以致靜脈突出，你也開始流汗。一切準備就緒，你要出擊了！

第五階段

我覺得好累。

事後
當所有壓力賀爾蒙離開身體後，你可能會覺得筋疲力盡，而且想哭，然後逐漸平靜下來。

31

憤怒背後

憤怒好比一座冰山，你看到的只是**冰山一角**。冰山的大部分都在水底下。

哼！

憤怒

有時候很難保持冷靜。

尷尬

孤單

無助

壓力

內疚

受困

緊張

嫉妒

氣憤

讓我們再往下探索。

憤怒一點也不簡單！試試尋根究底，跟一個成年人冷靜地探討造成憤怒的真正原因。

駕馭你的脾氣

控制怒氣一個最簡單，也是最難的方法，就是在你爆發之前，注意自己的生理狀態，你就會知道該怎麼做，例如簡單地說：「我很生氣！」

我很生氣！

小貼士

當你開始生氣時，不妨留意你的手！

1

把手放在口袋裏或坐在手上——這會幫助你約束自己。

2

吸一大口氣，然後向着手掌吹氣——這是使身體很快平靜下來的妙計。

3

尋找一個擁抱——找一個你喜歡的人抱一抱，用愛來驅走怒氣。

4

握着拳頭，然後把手鬆開——這是排除部分體內積存的張力的好方法。

5

從一數到五——這個簡單的做法能讓你在行動前有機會想一想。

不公平！

什麼是公平？

公平就是**平等**地對待他人，互相輪流，說真話，用開放的態度聆聽，承認自己的錯誤。

公平是世上**最重要**的道德標準之一。

怎樣才算公平？

如果你的姊姊得到一雙新鞋，你可能會覺得「不公平！」，但是你的姊姊可能需要新鞋。公平不代表人人都得到相同的東西。公平是人人都在需要時，得到所需的東西。

不公平！為何不是人人都有眼鏡！

不是每個人都需要眼鏡

公不公平？

請你根據以下幾個情景，估計一下自己和他人在這些情景下的憤怒程度。

你的姊姊又坐在靠窗的位置。

你的朋友有新玩具，但不讓你玩。

排隊等候午餐時，你的朋友讓你插隊。

你在學校飯堂幫朋友佔位。

你的姊姊生日時收到利是，你卻沒有。

哥哥和媽媽去看電影，把你留在家裏。

你可能聽過大人說「人生是不公平的」，或許你有時也有同感。你若遇到不如意的事情，不妨使用下一頁的方法，讓自己好過些。

放手吧！

很多時候，你的憤怒是合理和健康的。不過，即使如此，**不公平**的感覺並不好受。那麼你可以怎樣處理自己的**氣惱**和**憤怒**呢？

挑戰項目：保持冷靜

保持冷靜的頭腦不容易啊！你有能力接受以下挑戰嗎？

1

第一步
留意自己的生理狀態。不公平的按鈕發出紅色警報，胸部收緊，你的思想使你怒火中燒。

2

停！
別衝動！不要做出一些讓你陷入麻煩的事情。你還來得及改變你的行為。

3

閉上眼睛
不去想那件令你生氣的事情，這樣做可以幫助你儘快恢復平衡的心態。

4

呼吸
記得使用第24頁的呼吸運動！

5

做決定
平靜下來之後，就可以想個好方法，面對剛才發生的事情。

你可以讓別人知道你很生氣，並同時保持冷靜。

想像你的惱怒變成了一個「不公平！」的氣球。然後假裝放手，讓它輕輕飄走……

你的挑戰

從現在開始，每次感到自己快要發脾氣時，就想想這個「保持冷靜」的挑戰。記得呼吸，讓自己重新掌控。

紅眼怪獸

妒忌是人之常情，連小寶寶也會這樣。
不過，妒忌能把**快樂的小天使**，變成
一隻紅眼怪獸。

我也要！

什麼是妒忌？
妒忌是當別人擁有或做到一
些事時，你感到生氣和難過
的一種心理狀態。

盡量不要跟別人比較

他比我聰明
和受歡迎。

她比我幽默
和友善。

很棒！

也很棒！

即使是最棒的人，也免不了會受
到紅眼怪獸的偷襲。但在人比人
的遊戲中，很難有真正的贏家。

妒忌的感覺
妒忌是憤怒和憎惡的混合物，
你的身體會不自禁地起反應。

大腦
憤怒和憎惡的
化學物質被釋
放出來。

眼睛
你非常注意你所
忌妒的人，對於
其他事情視若無
睹。

心臟
心跳加速，
血壓上升。

胃部
壓力賀爾蒙流
遍全身，使你
失去食慾。

快找專治妒忌的醫生！

眼紅，心又酸溜溜的？嫉妒科的醫生來了！

立即見效的藥方

- **重複**：跟自己說：「我已經夠好，我已經夠多了。」

- **思考**：你有哪些長處？

- **行動**：你喜歡做什麼？

- **話語**：說些讚賞的話。

把忌妒的刺拔掉

即使是最好的朋友，有時也會互相妒忌。當你感到妒忌時，不如試試深呼吸，然後嘗試想一想一些值得感恩的事情。

噢！我心裏有根刺，很不舒服。

要做你自己！其他人都已經有人做了。

你有什麼感覺？

問題	症狀	藥方

 妹妹要什麼就有什麼。爸爸媽媽很偏心，特別寵愛她。

- 吵架
- 嘲笑
- 把東西藏起來
- 編造故事
- 辱罵

學習分享、妥協，說出真實的想法。跟父母談談你的感受。

 我的好朋友和其他人一起，不再跟我玩。

- 報復
- 說三道四
- 說一些不該說的

把注意力放在其他小朋友身上，結交新的朋友。

 媽媽的新伴侶取代了我親生爸爸的位置，媽媽也不像從前那麼注意我。

- 沒禮貌
- 要求別人的關注

慢慢來，嘗試一步步，逐漸去了解他。跟媽媽好好交談，說出你的感受。

 其他小朋友做得比我好。

- 嘲笑
- 貶低別人
- 覺得想放棄

列出自己的才能，接受每個人都是獨一無二的。你也是很優秀的。

真正的勇氣，就是害怕時仍敢於面對危險，而你身上便充滿了這種勇氣。

《綠野仙蹤》

李曼·法蘭克·鮑姆

嚇得毛髮都豎起來！

與陌生人初次見面，或當眾朗讀，或許是一件可怕的事。不過，**害怕**並不表示軟弱，因為每個人都有嚇得**發抖**的經驗！

戰鬥或逃跑？

早在第一批人類在地球上生活時，人就有「戰鬥或逃跑」的反應。當石器時代的野人遇見一條蛇時，他會有兩個選擇：

1 避開蛇＝逃跑

2 攻擊蛇＝戰鬥

你的身體會自動做好準備，叫你迅速行動（或迅速逃避）。

大腦：
分泌壓力賀爾蒙

眼睛：瞳孔放大，視野變得狹隘

雙手：
發抖

耳朵：
失去聽力

嘴巴：
乾燥

手臂：
汗毛豎起

心臟：
心跳加速

皮膚：
變紅

肌肉：
繃緊

腸胃：
消化緩慢

膀胱：
鬆弛

恐懼和憂慮的分別

恐懼和憂慮——人們用這兩個詞語來形容可怕事情所造成的不愉快感覺，但兩者有什麼分別呢？

> 恐懼是害怕的感覺。你可能怕黑，或怕蛇一類的可怕東西。

> 憂慮是擔心的感覺。你可能會擔心在新學校如何交朋友，或擔心默書不合格。

恐懼

受驚的老鼠

這隻老鼠感到害怕，因為身邊出現了危險。恐懼會驅使牠逃走。

憂慮

如果那隻貓出現了怎辦？

忐忑不安的老鼠

這隻老鼠擔心附近有貓。這就是憂慮。

怎樣克服憂慮？

憂慮可以把小事變成**大事**，但你也有能力**消除憂慮**。

你曾為以下事情擔心嗎？這都是我會擔心的事啊！

憂慮會變得越來越強大，是因為你腦子裏所想的，使你的恐懼不斷增加。

想像你有一根魔術棒。

現在向着你的憂慮揮過去，把它……

變變變！
不見了！

……變小，再小一點，再小一點。

以下是孩子常有的憂慮：

● 與陌生人初次見面

● 上學

● 家庭問題

● 發生了不好的事

● 跟朋友吵架

● 在學校病倒

● 怪物和黑暗

● 欺凌

● 測驗

解憂三部曲

試試以下處理憂慮的三個步驟，
並參考第24頁的呼吸運動。

請幫幫
我！

3

尋求幫助

跟關心你的朋友或成年
人談談你的憂慮，這是
很有幫助的。不要把憂
慮藏在心裏！

說出來！

說出來！

說出來！

問題說了出來，
就減輕了一半。

科學家證實，把心裏
的問題說出來，真的
能夠減輕壓力！

2

想個好辦法

把憂慮變成實際的行動，你
會對事情感到比較樂觀。想
想有什麼可行的方法，可以
減輕你的憂慮。例如：如果
你擔心做口頭報告，不如請
家人做你的觀眾，讓你練習
一下；如果你擔心跟某個朋
友吵架而不和，你可以約他
或她到家裏吃點心。

如果你想不到任何
好辦法，請前往步
驟三。

1

解開心結

你擔心的事情有時很明
顯，有時卻不一定。不如
把你的憂慮寫下來，或跟
心愛的玩具說悄悄話，看
看到底是什麼事令你那麼
不安。

有時問題可能很嚴
重，例如：家庭問題
或受到欺凌，是你一
個人無法處理的。請
跳到步驟三。

47

新的開始

你人生中的**大變化**，例如到新學校上學，甚至是安裝牙套，都有可能讓你感到**害怕**。

緊張是自然的

人類不喜歡變動，科學家已知道當中的原因。

1 你的大腦好不容易把你重複的規律變成了一種習慣，所以捨不得放手。

2 你的大腦喜歡明確的事情。任何不明確的，都有可能成為你生活中的威脅。

3 變動會影響我們的人際關係。由於人類是羣居動物，所以任何干擾到我們社交生活的事情，都會讓人感到不安。

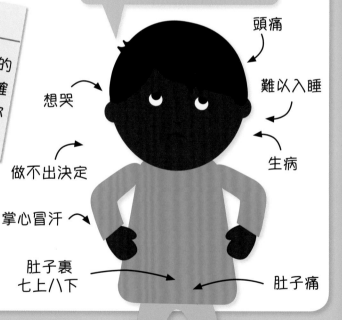

當你緊張的時候，有沒有以下感覺？

頭痛

難以入睡

想哭

生病

做不出決定

掌心冒汗

肚子裏七上八下

肚子痛

如果一切如常⋯⋯

緊張會令你打哈欠──這是因為你的身體需要深呼吸。

科學家稱腦和腸之間的連結為「腦腸軸線」。

大腦

如果你的頭腦一開始擔心，就會導致腸胃裏的微生物失調。

你的身體處於微妙的平衡狀態。

關係非常緊密的小組微生物組合，卻可以影響你的大腦。

這些微生物一般負責消化食物。

微生物

腸道

大部分憂慮都不會持續很久，你很快就能適應新挑戰。

腦腸軸線可以造成一個令人感到不適的循環。

……就不會心驚膽跳了。

怎樣面對新環境？

這裏有幾個小秘訣，可以幫助你**輕鬆**面對**新挑戰**。

盡量收集有關新環境的資料，例如，參觀新學校的開放日，或瀏覽新學校的網頁。

前一晚準備好合適的衣物，並準備好所需的用品。

準備一些特別的東西，例如，在午餐盒裏放滿了你最喜歡的食物。

別忘記，在新環境中，人們都知道你是新來的，將會有人帶你參觀，甚至為你安排一個輔導員。

出師不利？

並非所有事情的開端都是順利的，而且，你可能會發現頭一天的緊張情緒並沒有很快消失。

吃一頓健康的早餐，有益的食物讓你感到舒服，幫助你更能適應新環境。

想一想新環境或新經驗的優點或好處。

列出一些讓你感到期待的事情。

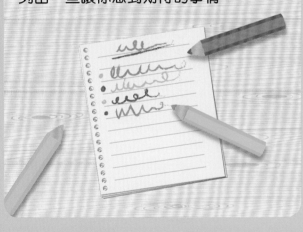

跟一個關心你的成年人談談你的憂慮，以得到鼓勵。

深呼吸，靜下心來，冷靜地看清楚事實。

回想以前你是怎樣克服一些緊張的時刻。

如果你覺得交朋友很困難，要記着，有時這是需要時間的。

51

分居和離婚

變動是人生中常見的一環，但若發生在你的家庭，那就會很難面對了。如果你的父母決定離婚或分居，最重要的是，你必須表達你的感受，並提出心中疑問，請他們真誠回答。

事實一
離婚或分居並不是孩子所造成的。

事實二
孩子無法改變父母離婚或分居的決定。

事實三
你的父母仍然很愛你。

事實四
你的父母永遠是你的父母。

給孩子的指南：如何面對成年人的問題

情緒起伏不定的時期

如果你的父母決定分開，你可能會有以下幾種情緒：

不開心
你不希望父母住在不同的地方。

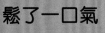

生氣
你覺得原本安定的家庭生活受到破壞。

鬆了一口氣
因為最近他們總是吵架。

傷心
你可能感到絕望和無助。

心情很亂
可能這些感覺你都有。

敞開自己！
如果你覺得很難跟父母說話，那就找朋友或關心你的成年人傾訴。或者，如果你朋友的父母正在辦離婚，那麼你可以做一個很好的聆聽者，幫助他或她度過這個困難的時期。

恐懼
你正面臨一個大變動，這是足以讓人感到害怕的。

我現在有兩個家

父母分開可能表示你將會有一個**新的居所**，甚至**新的家庭**。

兩個家？ 這裏有幾個小提示，可以幫助你在兩個家裏都有家的感覺：

日程表可以讓你清楚知道什麼時候去哪一個家。

在兩個家中放置你需要的一切，讓你不用經常收拾行李。

不論你在哪一個家，要盡量保持相同的生活程序。

「你好，請問你是誰？」

你的父母可能開始有新的對象，你需要時間去認識一個剛走進你生活的成年人。然而，這個人是不會取代你親生爸爸或媽媽的，試着給他或她一個機會。還有，若有任何問題，記得跟一個你信任的成年人傾談。

給新環境一個機會。

你的情緒可能會起伏不定，千萬不要默默忍受。

如果你有需要，可要求父母跟你單獨相處的時間。

繼親家庭
夫妻各自再婚後，把前一段關係的子女帶到新家庭，便產生了繼親家庭。

你提出的問題是
公平和**合理**
的。

大部分繼親家庭都表示他們的家庭生活很幸福。

家裏必須有屬於你的空間，你才會把它看成是自己的家。

所發生的事情可能很難明白，所以你要盡量發問。

盡力和新家庭的其他兄弟姊妹和睦相處，但不用擔心，如果暫時做不到，情況也會隨着時間而改善。

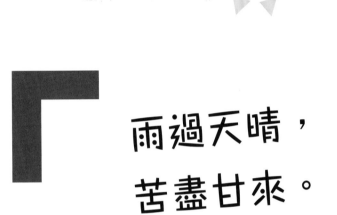

雨過天晴，
苦盡甘來。

中國成語

悲傷的好處

悲傷可以讓別人知道你需要幫助、安慰和支持。

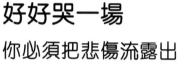

好好哭一場

你必須把悲傷流露出來，這樣才能得到紓解。當你哭的時候，身體就是在幫助你這麼做。

眉頭緊皺

眼睛充滿淚水

聲調傷感、低沉和含糊不清

雙手交叉

我們有時會感到悲傷，這是一種自然和健康的反應。

眼淚的成分

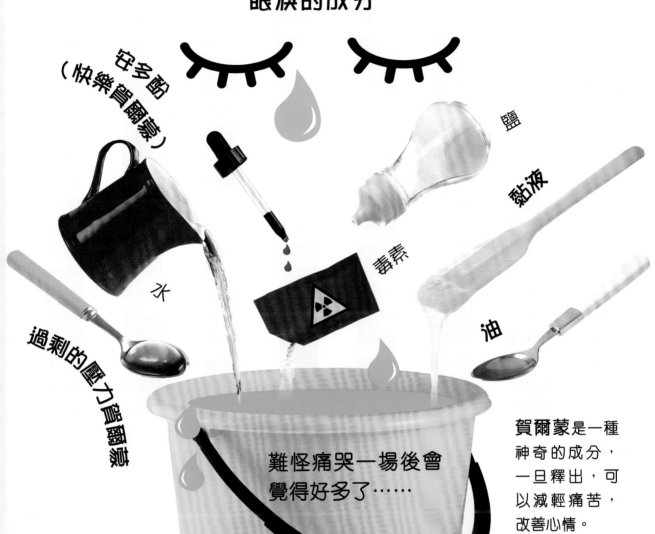

安多酚
（快樂賀爾蒙）

鹽

黏液

毒素

水

油

過剩的壓力賀爾蒙

難怪痛哭一場後會覺得好多了……

賀爾蒙是一種神奇的成分，一旦釋出，可以減輕痛苦，改善心情。

……這些東西都是從你身體裏面出來的！

趕走憂鬱

悲傷並不好受，以下有**六種擊退悲傷的策略**。

1

回憶快樂的片段
閉上眼睛，回想一個曾經令你感到很快樂的片段，例如某次假期或你的生日。

然後把那個快樂的情景畫出來！

2 用呼吸讓自己平靜下來
坐下來，兩腿交叉，閉起眼睛，想像臉上曬着暖烘烘的陽光。然後，像小蜜蜂嗡嗡嗡那樣呼吸——這種呼吸法令人感到很舒服、平靜和安詳。

然後用手指蓋着耳朵。

用鼻子吸一大口氣，使胸部飽滿而突出。

用口緩緩地吐氣，同時發出像蜜蜂嗡嗡嗡的聲音。

3

平復心情的話

對自己說些能平復心情的話，例如，「我還好」、「我能面對」、「事情沒有那麼糟糕」。

沒問題。

事情沒那麼糟糕。

4

三大原因

寫出三個事情沒那麼糟糕的原因，或三個面對的方法，或三個你會沒事的理由。

有時候，你只需要一個大大的擁抱。

5

做你喜歡的事情

改變環境或做你喜歡的活動，都可以幫助你重拾歡笑。

6

把悲傷的原因告訴別人。

欺凌小檔案

欺凌會傷害到所有相關的人，所以你要認清欺凌是什麼回事。

什麼是欺凌？

欺凌者會……

事實：在羣體中排擠或孤立某人，這是一種很殘忍的欺凌方式。

……使用言語：
- 威脅
- 散播謠言
- 嘲笑和辱罵

……使用肢體：
- 踢、打、推撞或絆倒人
- 奪取或損壞他人的物件
- 蓄意恐嚇他人

……用以下方式造成傷害：
- 排擠某人
- 叫其他孩子不要跟某人做朋友
- 蓄意羞辱某人

在什麼地方發生？

上學或放學的路上。

在學校裏。

在網絡上或
家中。

受到欺凌的感覺

- 感到無能為力。

- 感到自己比欺凌者弱小。

- 感到孤立無援，很無助——對方
  人多勢眾。

- 感到很困惑，不知道為什麼某人
  那麼壞。

- 感到沒有人會聽你傾訴，或為
  你挺身而出。

- 感到非常難過和孤單。

但你是會得到幫助的！請翻到
下一頁，繼續看下去。

你有權利在任何時候都感到安全。

怎樣面對欺凌？

欺凌是**絕對**不可以的。

這裏有些建議，能幫助涉及欺凌事件的人。

若有人欺負你，該怎辦？

把事情告訴你信任的人，或給他寫一張字條。

切勿隱瞞自己受到欺凌的事。要把事情說出來，直到有人採取行動。

避開欺凌者能輕易欺負你的場合，例如老師無法看見你的地方。

盡可能和朋友或能為你挺身而出的人在一起。

求助的對象：家長、老師、班主任、風紀、大哥哥或大姐姐。他們一定會幫助你的。

如果看見有人被欺凌，又該怎麼做呢？

不要為欺凌者喝彩，或站在一邊做旁觀者。

嘗試跟欺凌者做朋友——讓他們知道不必用欺凌的方式來得到接納或凸顯自己。

向被欺凌的人表示友好，接納他們，跟他們做朋友——你可能會很喜歡他們。

如果你看見有人被欺凌，就要找人幫忙阻止。

首先，停下來想一想！

如果你是欺凌者，那又該怎麼做？

想一想你對別人所造成的破壞和傷害。

用另一種方式（例如體育活動）來宣洩你帶攻擊性的情緒。

如果你有困難或問題，一定要告訴學校輔導老師或關心你的成年人。

欺凌者會遇到很多麻煩，長大後闖禍的機會也很大，所以，別再這麼做了！

我總是 格格不入！

跟別人「不一樣」或格格不入的感覺，會令你感到難過和孤單。但是，每個人都是**獨一無二**的，你也一樣！這一點，人人都一樣。

很多覺得自己「不一樣」的孩子，長大後都很成功。

愛因斯坦在學校裏總是格格不入，甚至有老師稱他為「懶狗」！他從不穿襪子——就連應邀到美國白宮參加晚宴時也是這樣！不過，他長大後，卻成為歷史上最有名和傑出的科學家之一。

交朋友

跟任何人一樣，你有快樂的權利，所以如果你覺得被遺忘或格格不入，你可以……

- 向老師求助，他們一般都善於配對學生。
- 參加學會，找一些志趣相投的朋友。

重要的是，要相信你自己。

練習以下建立友誼的技巧

待人友善

聆聽　　分享

說讚賞的話

主動幫忙　　善待對方

保守秘密，保持自信

為什麼寵物會死去？

寵物很容易便成了我們的好友和家中的一分子。不幸的是，這些動物沒有人類活得那麼久，而當你所擁有的動物死去時，一切的歡樂有可能立刻變成了**傷痛**。

自然的生命循環

寵物會因年老、疾病或意外而死亡。死亡是生命的一部分，所以要珍惜和寵物相處的時間，好好享受和照顧牠。

我是蒙地！
我喜歡玩球

悲傷的五個階段

失去心愛的寵物時，你可能會經歷這五個階段（但並不一定按照次序發生）。

難以相信

你可能無法接受所發生的事情，感到麻木，或甚至否認心愛的寵物已經死去。

感到憤怒

你可能覺得不公平，想責怪別人，或想起自己某時候曾經對寵物不好而自責。

你對寵物的愛是不會消失的——牠會永遠活在你的記憶中。

我是貝蒂！
我喜歡親一親
我的朋友。

我是哈利！
我喜歡嘴裏塞
滿了食物。

最後道別

全家跟寵物作最後的道別，是一件美好的事情。你可以舉行紀念儀式，寫一封信或一首詩，或種一棵樹。紀念死去的寵物，可以幫助你往前看，繼續生活下去。

我是莫佩特！
我喜歡躺在溫暖的陽光下。

討價還價

你可能會嘗試討價還價，例如：「如果今天是晴天，這件事就不是真的了。」這也很正常，因為死亡是很難接受的。

傷心難過

你可能開始感到很傷心，想一個人躲起來痛哭，哀悼你的寵物。哭一哭是沒問題的！

接受事實

你終於能接受寵物已離去的事實，也能想到你和寵物曾經在一起的快樂時光。

今天你就是你，那比真實還要真。世上沒有任何人，能夠比你更像你！

《生日快樂！》

蘇斯博士

最好的我，唯我一人

不論你做什麼，想什麼，或感覺如何，你都是獨一無二，好得無比的——事實上，你是大自然的奇妙創作。

每一片雪花都是獨一無二的，

> 儘管這個世界有七十六億人，以下幾方面你肯定是與眾不同的！

唯一的你

你的信念

你的性格

你手指和腳趾的紋理

你耳朵的形狀

你的虹膜（眼球的有色部分）

你的舌紋

你的聲音

你的DNA

你也一樣！

你可以做到的!

相信自己可以做到,就已成功了一半!相信自己可以**努力**和**進步**,那麼你就會努力和進步。

成長的心態

- 我想學的都可以學到。

- 即使困難,我仍會繼續。

- 這是需要時間的,但我不會放棄。

- 我會從錯誤中吸取教訓。

- 我會盡力做到最好。

- 我喜歡挑戰。

- 我相信自己。

如果我能這麼想,我就可以達到所有目標。**開始吧!**

一步一步

有些事情就像上坡那麼吃力，
但是值得你努力的。

我不要做。

我做不到。

我想做。

我怎麼做？

我會盡量做。

我可以做到。

我一定做到。

我做到了！

沒有人是完美的。每個人都會犯錯，所以不要對自己太嚴厲！要懂得欣賞自己與人不同或相同的地方，並且相信自己。

人生是一個旅程……

要好好享受人生之旅啊！

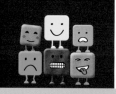

情緒小字典

小朋友，這些詞語可以幫助你表達你的情緒。

快樂

滿足：感到足夠、滿意。

愉快：開心、高興。

熱心：熱衷某事，很感興趣。

興奮：充滿熱誠，情緒因高興而激動。

好笑：可以引人發笑。

被愛：因愛而感到溫暖。

喜樂：快樂、舒暢。

熱愛：很喜歡。

興高采烈：開心、歡笑。

自豪：對自己所做的感到很滿意。

憤怒

煩悶：某事或某人令你不高興。

爆發：怒氣高漲到頂點而發作。

不爽：有點生氣。

羨慕：愛慕渴望別人擁有的。

氣憤：你覺得你得不到自己需要或想要的。

狂怒：極度憤怒。

冒火：氣到彷彿頭上冒煙。

惱怒：被激怒。

妒忌：憎恨別人勝過自己。

憤恨：憤慨，痛恨。

恐懼

焦慮：你擔心某件可怕的事情將會發生。

害怕：感到可怕。

緊張：急躁，神經過敏，擔心。

恐慌：因恐懼而失控。

嚇呆：驚嚇到不能動。

震驚：吃驚，感到茫然。

有壓力：憂慮，疲憊。

情緒繃緊：肌肉繃緊，緊咬着牙，擔心。

嚇壞：很害怕，身體僵硬。

憂慮：擔憂，顧慮。

悲傷

傷心：一般的悲傷。

失望：因事情不是你所期待而感到難過。

憂鬱：覺得一切都很灰暗。

暴躁：心情很差，粗魯。

心碎：哀傷到極點，心好像裂成兩半。

無助：覺得沒有人幫助你。

沮喪：感到絕望。

悶悶不樂：難過，懶洋洋的。

淚汪汪：眼眶充滿淚水，很傷心。

難過：很不開心，想哭。

百感交集？

可能你會同時感到又快樂又難過，又害怕又興奮，或又暴躁又好笑。你可以使用以上的情緒詞彙，或加上你自己想到的，來表達自己的情緒。

情緒遊戲卡

請沿虛線剪出情緒遊戲卡，然後參考後頁的玩法，跟爸媽或朋友玩遊戲，加深對各種情緒的認識。當然你還可以創作更多的玩法，甚至製作更多的情緒遊戲卡，跟不同的情緒做好朋友！

© 新雅文化	© 新雅文化	© 新雅文化	© 新雅文化
滿足	愉快	熱心	興奮
© 新雅文化	© 新雅文化	© 新雅文化	© 新雅文化
好笑	被愛	喜樂	熱愛
© 新雅文化	© 新雅文化	© 新雅文化	© 新雅文化
興高采烈	自豪	煩悶	爆發
© 新雅文化	© 新雅文化	© 新雅文化	© 新雅文化
不爽	羨慕	氣憤	狂怒
© 新雅文化	© 新雅文化	© 新雅文化	© 新雅文化
冒火	惱怒	妒忌	憤恨

玩法1：翻轉遊戲卡，輪流抽一張遊戲卡，讀出遊戲卡上的情緒詞彙，並按卡上的顏色分類成四大情緒：快樂、憤怒、恐懼、悲傷。

玩法2：翻轉遊戲卡，輪流抽一張遊戲卡，模仿遊戲卡上的情緒，並分享在什麼情況下有過這種感受。

玩法3：翻轉遊戲卡，輪流抽一張遊戲卡，說一說在這種情況下可以怎樣紓緩或保持這種情緒。

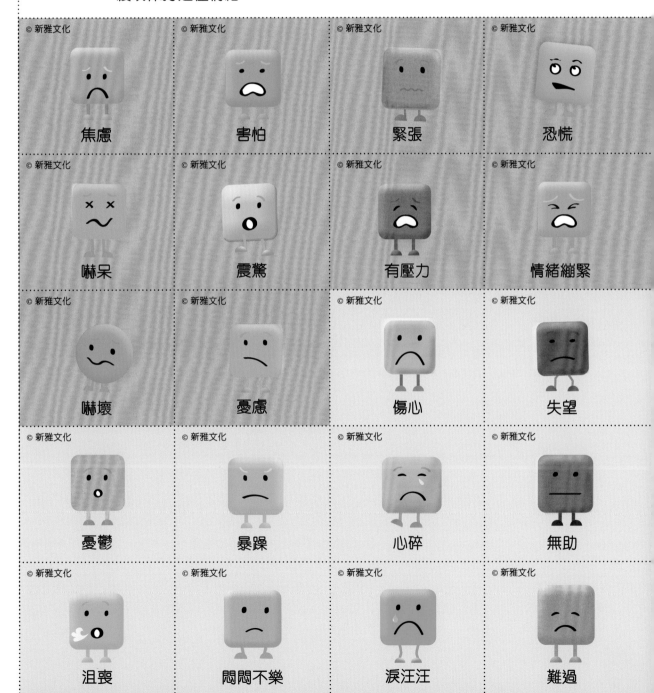